编委会

编委会办公室

出版社编辑工作组

《华龙风采卷》编委会

主　编

邱杰峰

副主编

成　利　方胜杰

顾　问

程　洁

编写组

（按姓氏笔画为序）

王雪微　朱毅强　李建城

张　丞　张　毅　陈若滢

周国烨　黄　欣　曹钟引

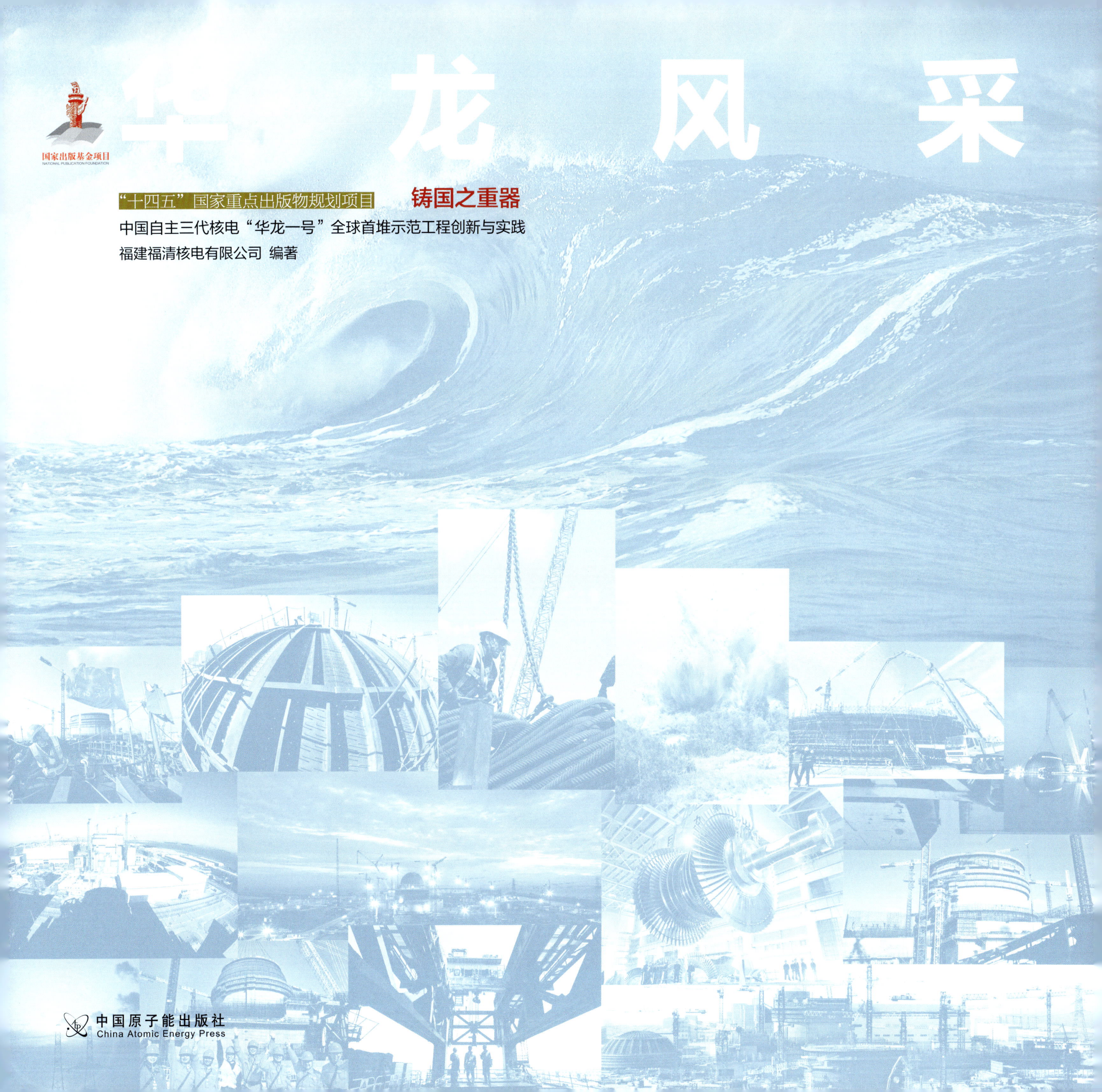

国家出版基金项目
NATIONAL PUBLICATION FOUNDATION

华龙风采

“十四五”国家重点出版物规划项目　铸国之重器

中国自主三代核电“华龙一号”全球首堆示范工程创新与实践

福建福清核电有限公司 编著

中国原子能出版社
China Atomic Energy Press

序

福建福清核电有限公司（以下简称“福清核电”）成立于2006年5月，隶属于中国核工业集团有限公司（以下简称“中核集团”），由中国核能电力股份有限公司控股，负责福清核电基地的开发、建造、调试和运营，全面履行核安全责任。福清核电基地一次规划、分期连续建设6台百万千瓦级压水堆核电机组，项目总投资近千亿元。目前，6台机组已全部投入商业运行，年发电能力超500亿度。

30年前，“国之光荣”的秦山核电改写了中国大陆无核电的历史；30年后，我国自主研发的第三代核电技术“华龙一号”在技术创新和工程建设上领跑全球，打造了又一张靓丽的“国家名片”。

“华龙一号”是中国核电人30余年集体智慧的结晶，实现了中国核电事业从起步到腾飞的跨越。“华龙一号”示范工程（福清核电5、6号机组）是“中国制造2025”标志性工程，也是推动“一带一路”倡议的重大举措，得到了党和国家领导人的高度重视和亲切关怀。习近平总书记多次在国际场合盛赞“‘华龙一号’是中国完全自主三代核电技术”“这是我们自己的技术，我们要把它推向全世界”。李克强总理在考察中核集团时指出，“你们是在铸‘国之重器’，为中国发展‘强筋健骨’。”随着共建“一

带一路”的高质量发展，继“华龙一号”示范工程（福清核电 5、6 号机组）建成投产后，巴基斯坦“华龙一号”海外示范工程也已建成投产，中国还同步与阿根廷、英国、埃及、巴西、沙特、约旦、加纳等 20 多个国家开展合作。

2015 年，习近平总书记在我国核工业创建 60 周年之际作出重要批示：“核工业是高科技战略产业，是国家安全重要基石。要坚持安全发展、创新发展，坚持和平利用核能，全面提升核工业的核心竞争力，续写我国核工业新的辉煌篇章。”

为深入贯彻落实习近平总书记重要指示批示精神，“华龙一号”示范工程于 2015 年 5 月 7 日开工建设，并分别于 2021 年 1 月 30 日和 2022 年 3 月 25 日投入商业运行，开启了中国三代核电自主设计、自主建设、自主管理运营的新篇章。其中，首堆工程（福清核电 5 号机组）历时 68.7 个月建成，创造了全球三代核电首堆建设的最佳业绩，被授予“中国核能发电装机容量突破 5000 万千瓦标志性机组”称号，标志着中国核电技术跻身世界前列。

“华龙一号”全球首堆投入商业运行入选《中国共产党一百年大事记》，“华龙一号”示范工程（福清核电 5、6 号机组）全面建成投产入选《党的十九大以来大事记》。

“华龙一号”示范工程的建设，承载着为后来者担当示范的

中核集团
CNNC
福建福清核电有限公司

历史使命。在工程建设过程中，工程建设团队全面践行“两弹一星”精神、“四个一切”核工业精神和“强核报国、创新奉献”新时代核工业精神，以艰苦奋斗、大力协同、勇于登攀的精神力量锻就了“华龙一号”示范工程安全可靠的建造质量；以自力更生、创新实干、无私奉献的踏实作风为“华龙一号”批量化建设和中国核电“走出去”打下了坚实基础。福清核电在中核集团、中国核能电力股份有限公司的坚强领导下，坚持全面协调发展原则，组织构建高效的项目管理机制，实施全方位覆盖、多层级协同、全过程管控，始终以“同一事业、同一项目、同一团队、同一目标、同一文化、同一行动”的“六同”理念为指引，团结所有参建单位披荆斩棘、砥砺前行，攻克工程建设中的各类挑战和困难，创造了一个又一个纪录。福清核电党委在“华龙一号”示范工程建设中始终坚持党的领导，创新开展“党建联建”工作，积极探索推动党建融入重大工程的思路和途径，实现党建对工程建设的引领保障作用，激发建设团队的内生动力，使党建与中心工作深度融合、相互促进。实践证明，“党建联建”机制实现了党建与工程建设“双丰收、双示范”的目标。这一机制获得中组部和国资委的高度认可，并成为在中核集团全面推广的党建品牌。

“华龙一号”示范工程自开工建设以来，受到新华社、《人民日报》、《光明日报》、《科技日报》等国内多家主流媒体的持续关

注与报道，好评如潮，重大节点的新闻多次登上中央电视台的《新闻联播》《朝闻天下》《新闻快讯》及相关纪录片、访谈等栏目。

为系统总结“华龙一号”示范工程建设历程和创新实践经验，2019 年 6 月，福清核电适时启动《铸国之重器：中国自主三代核电“华龙一号”全球首堆示范工程创新与实践》系列丛书（以下简称“丛书”）的策划、编撰工作。上百人参与内容创作，历时 3 载，丛书共形成 10 个卷目、800 余万字。为使丛书内容更加丰富、精彩，编撰团队多次调整和修订大纲，反复修改、打磨稿件。丛书汇集了“华龙一号”示范工程所有建设者的心血和智慧，蕴含了示范工程建设的创新和经验宝藏。最终，丛书被列入“十四五”国家重点出版物规划项目。

最后，对参与“华龙一号”示范工程的所有建设者致以崇高的敬意，对参与本系列丛书的所有编撰者和中国原子能出版社致以衷心的感谢。鉴于“华龙一号”机组还在不断优化、创新实践之中，本系列丛书涉及内容多、专业面广，加之创作团队水平有限，不足之处在所难免，恳请读者朋友批评与指正。

丛书编委会

2022 年 10 月

目录

前言

大顺之年，岁在乙未，初夏之始，华龙之师会于闽东，亮虎威，启航程。

此地称“融”，东望宝岛，南濒兴化，山环水绕，华侨之乡。

是日也，惠风和畅，海天一色，极目四望，洞朗舒怀。

华龙者，华夏之龙，科技结晶，国之重器，自主品牌，国家名片，助神州跻身核电技术“第一阵营”。

三福之地，龙之穴也，龙潜于此，为龙为光，元首称赞，总理连线，共约走向全球。

龙之魂在京，总理察之，三维展示，设计互联，赞曰：尔等撑腰，我去扬名。

又二年，龙盾之合，总理示曰：中国制造，标志工程，令千军振奋，万人同心。

逾三载，重器方成，龙腾九天，气凌霄汉，破首堆魔咒，扬中华神威。

《诗经》《毛诗传笺》有云：“龙，和也。”又曰：“凡应天顺人，谓之和。”华龙顺天利，合众长，成自主，美名扬，为美丽中国护航。

中国核建

监督

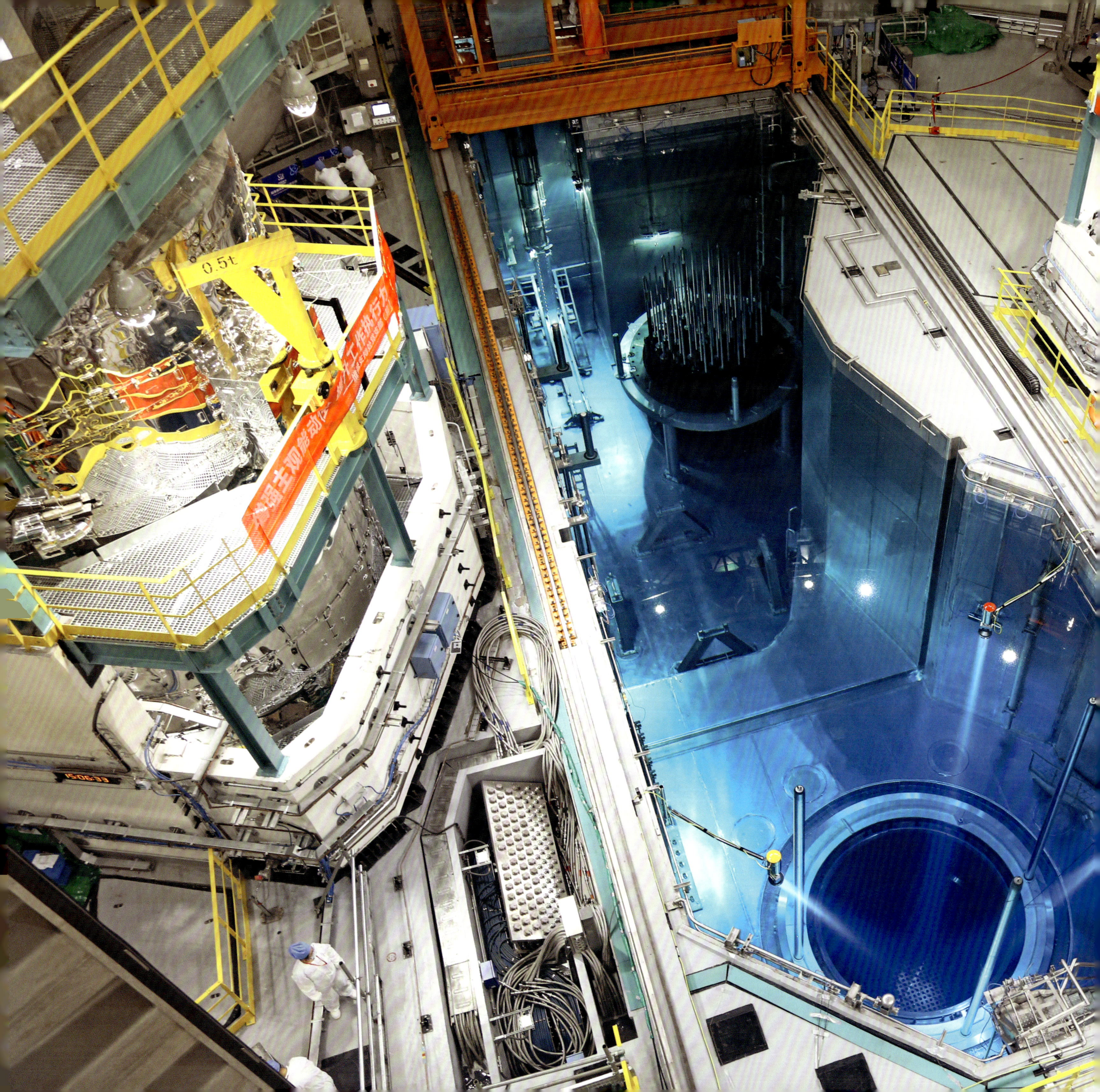
0.5t
强主观能动性
工作执行力

促华龙腾飞 铸维修铁军

第一章 诞 生

山海故地，岁月如风

88
HONDA
三山长敢车行
地址:三山镇市场口
电话:85918590
CHITUMA
WIN100

“华龙”人的诗

海

四月的海
洋溢着春的气息
赶海的人
依旧带着笑意
暖流穿过台湾海峡
轻抚着海西
核工业的巨擘
将在这里留下足迹

福清核电厂原址

码头

厂前区

八闽古土的一声炮响

SANY
HITACHI
316
ZAXIS 330

CAT
104

HITACHI
301
303
308

SANY

第二章 龙腾

中核机械

织梦

中国核建

安全来于警惕
事故出自麻痹

ZOOMLION
中核二四

中国核建

中国 核建

建华龙一号 铸国之重器
中国核建

建华龙一号

打造“一带一路”

中原建设
质量是安全基础 安全为生产前提
中核二三公司
安全第一 质量第一
中核二四
关爱生命 以人为本

二四
永茂建机

龙盾之合

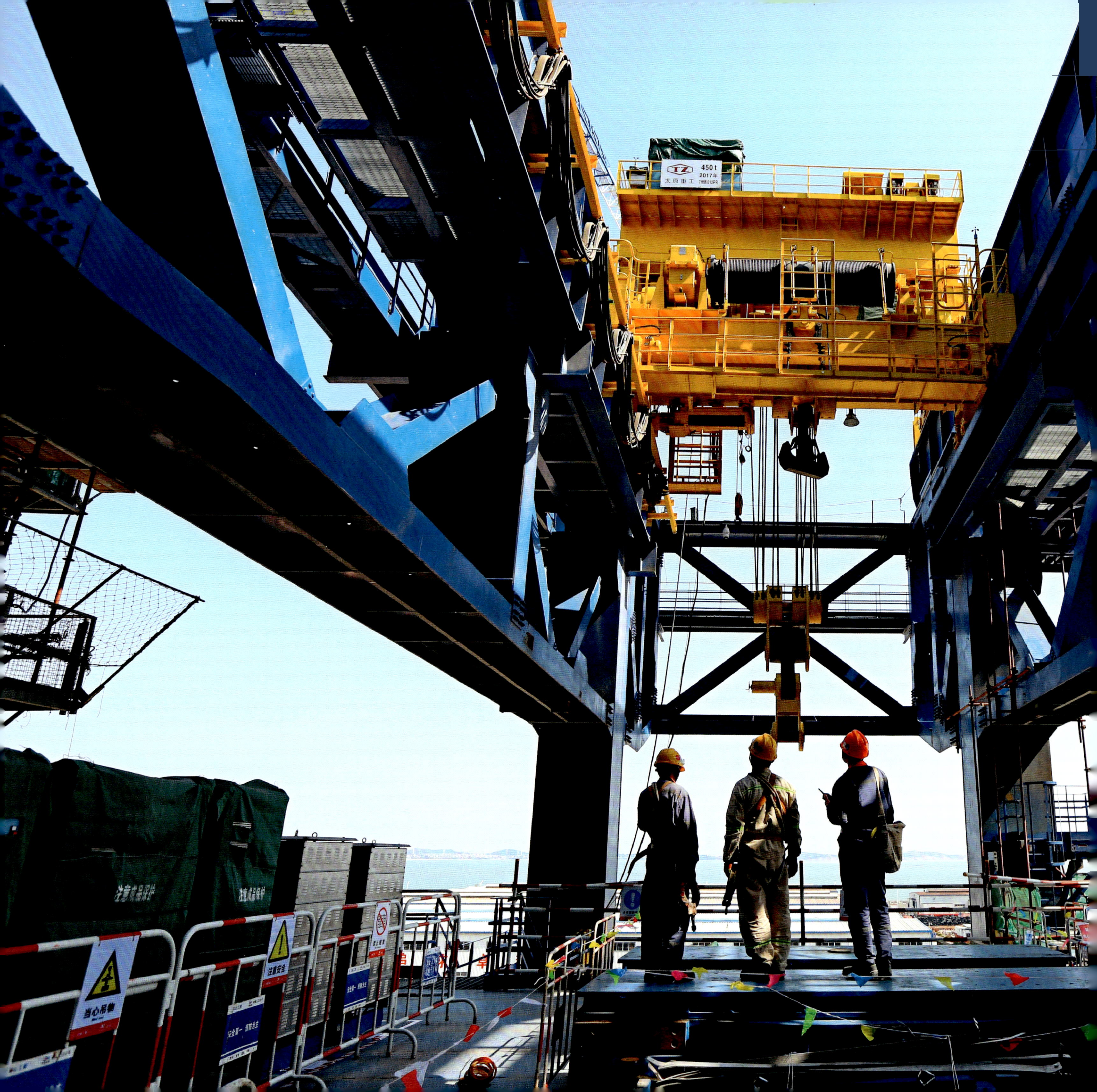
TZ
450 t
2017年
太原重工
7HM1012PR
注意成品保护
注意成品保护
当心吊物
注意安全
安全第一 预防为主
安全第一 预防为主

SAFETY

安全隐患零容忍
安全通道

“华龙”人的诗

破土

披肩三山的海风
兴化湾雾绕云腾
脚手架上托起朝阳
推土机前风雷滚滚
所向披靡，战无不胜
凿开磐石坚岩
喝令海潮涌退
建设“国之重器”
我们无惧无畏

朝阳

安全帽邂逅过昨日的尘土
工作服沐浴新的朝露
从混凝土浇筑到钢衬里吊装
每一次日出都孕育新的希望
胜利的凯歌即将奏响
机组建设的洪流浩浩荡荡

348TON

安装

中国一重制造
中核集团首台百万千瓦核岛主设备
福清一号核反应堆压力容器
2011年3月26日
福建福清核

有限公司

核电建设铁军风采 再铸核电建设新

中核二三
贺反应堆压力容器吊装成功

巨力索

中国核建
250t
中 核 二 五 公
百万千瓦汽水分离再热器
东方电气（广州）重型机器有限公司制造

预祝汽轮机扣缸圆满成功

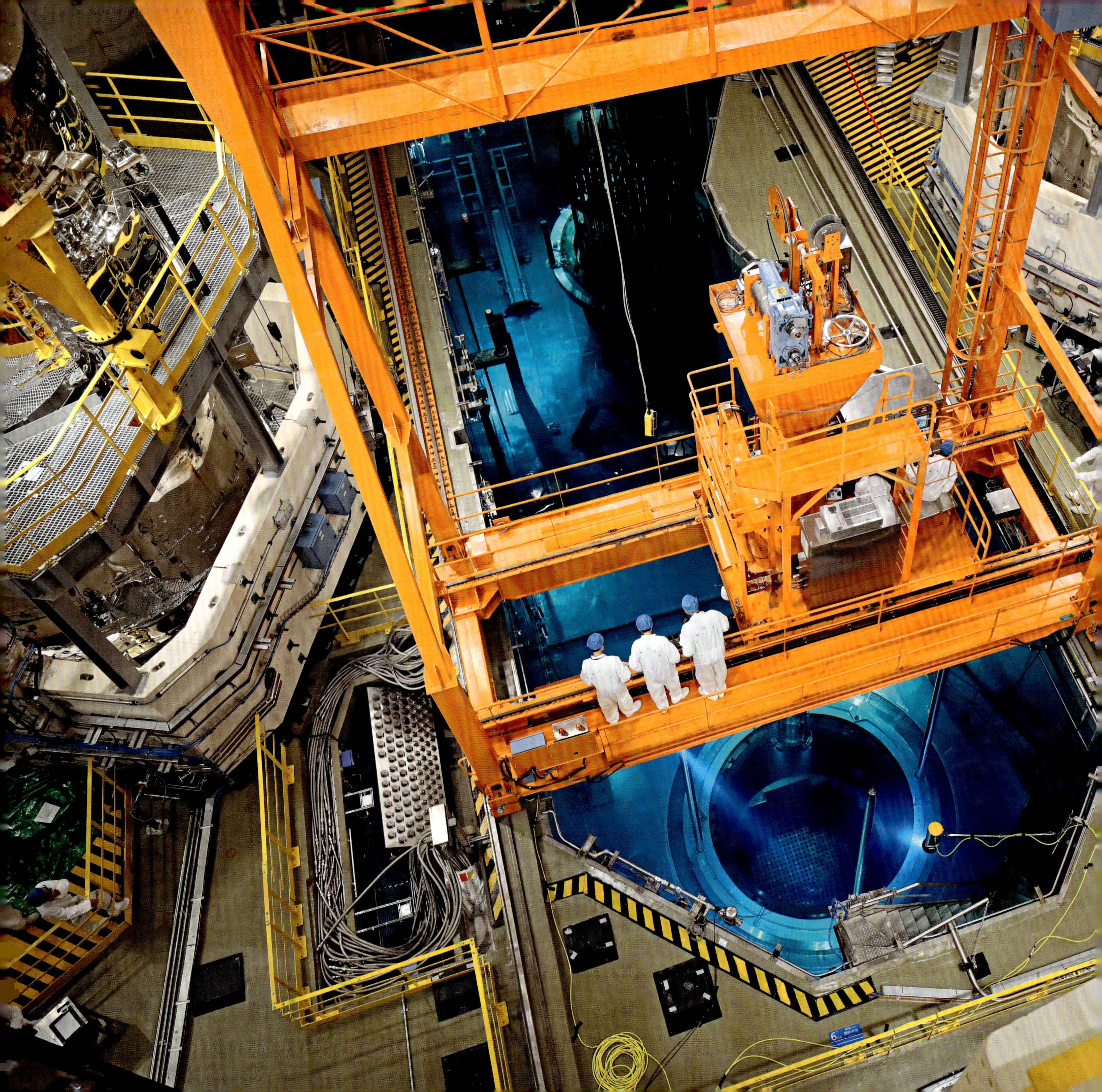

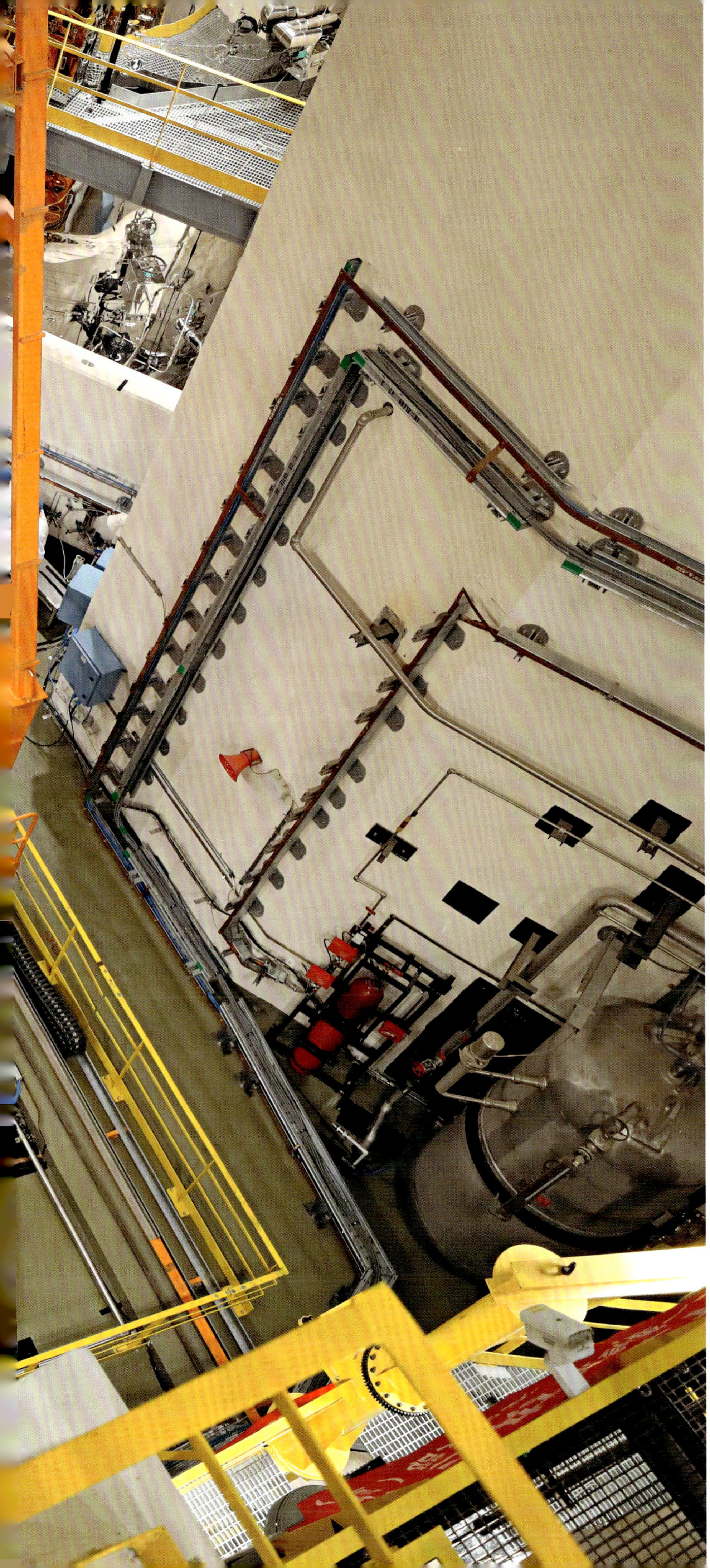

质保部

CNPE

FQNPC

业第五建设有限公司
企业发展之魂
“四个一切”核工业精神的基础上，
管理理念进行深度提炼和升华，
地反映了核五人的文化品格。

核集团
祝贺华龙一号全球首堆二回路联合水压试验圆满成功

热烈庆祝“华龙一号”全球首堆投入商业运行
强核报国 创新奉献

“华龙一号”首批操纵人员奖牌颁发仪式
华龙国际培训中心
Hualong International Training Center

起飞

中国核建

中国核建
中国核建
中国核建
中国核建

ZOOMLION

第三章 旗帜

党旗飘扬

党员承诺书
检修区域 请勿入内

"华龙"人的诗

党建联建

蓝天之下，穹顶之上
旗帜飘扬
切割、焊接的火花在碰撞
千万名建设者共同担当
山河大海的力量
架起心连着心的桥梁

勠力同心

一个党员，一面旗帜
一面旗帜，一颗新星
让优秀在团队中扩散
让青春在岗位上闪光
党旗所指
就是人心所向
为"华龙一号"示范工程
急、难、险、重攻坚
提供可靠保障

使命和拼搏

中核二四
中国核建
自
强

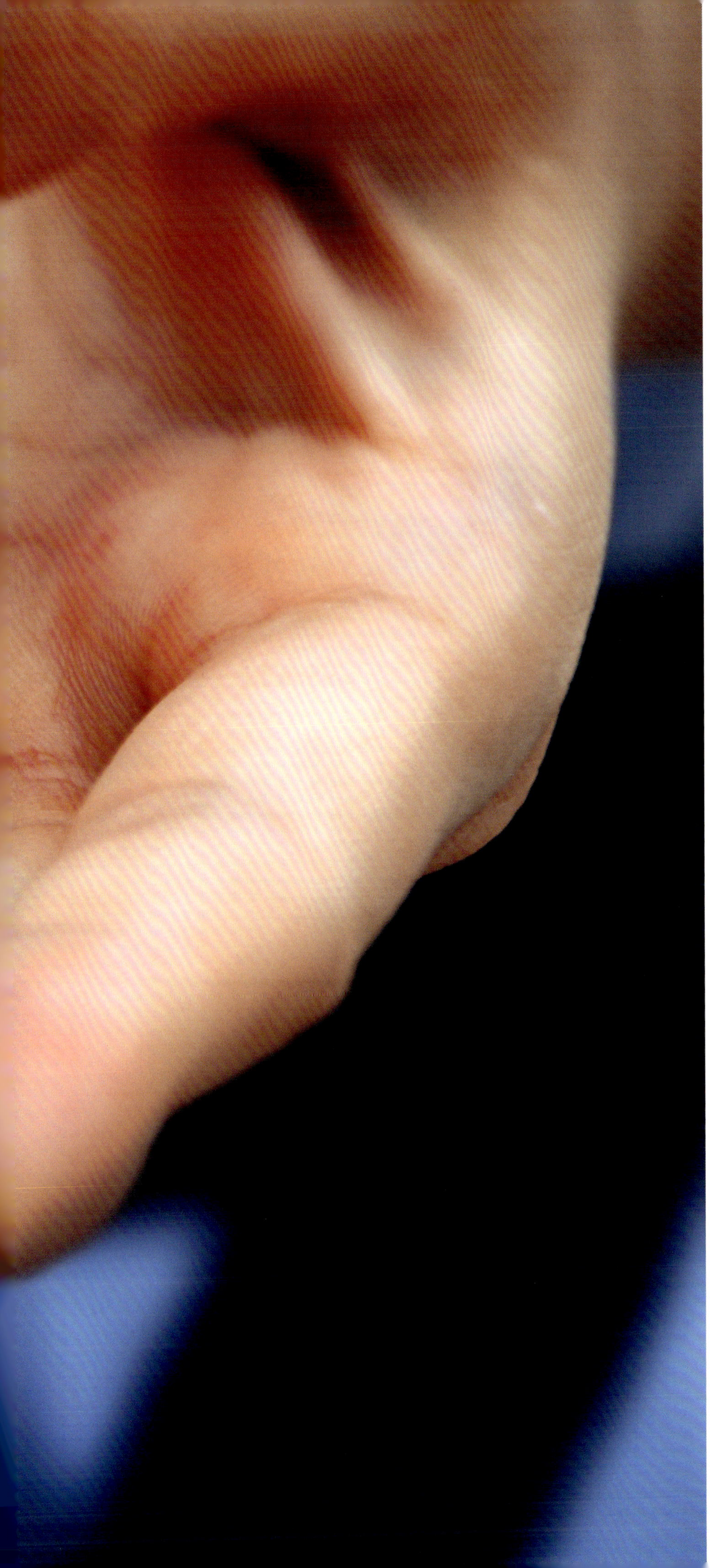

中核二四福清核电项目部安装队

CNPE-F028

FQNPC

CNNC FQNPC

NSA

中国核建

中国核建

安全监督

中国核建

0591-87527100
1443

携手同行

中国核建
核工井巷

附 录

2016 年 8 月 1 日，5RX 穹顶拼装脚手架开始搭设

2016 年 8 月 10 日，5RX 穹顶拼装脚手架验收合格

2016 年 8 月 12 日，5RX 穹顶第一层壁板开始现场拼装

2016 年 9 月 15 日，
脚手架开始搭设

2016 年 11 月 21 日，5RX 穹顶第三层脚手架搭设完成’

2016 年 11 月 25 日，5RX 穹顶第三层开始拼装

2016 年 12 月 16 日，5RX 穹顶第三层现场拼装完成

2017 年 1 月 2 日，

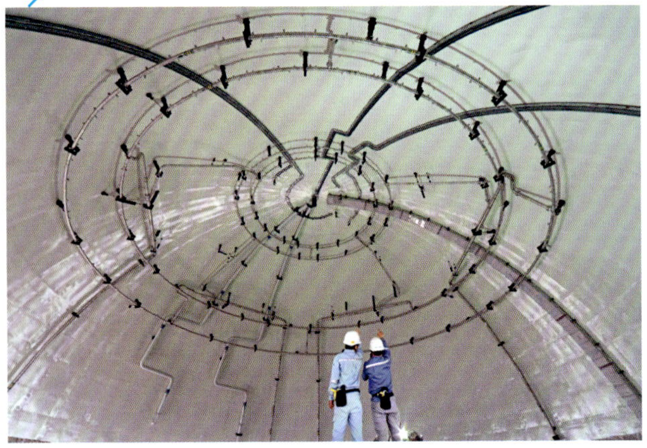
2017 年 5 月 23 日，5RX 穹顶内管道安装完完，具备吊装条件

2017 年 5 月 25 日，5RX 穹顶吊装

2017 年 5 月 25 日，5RX 穹顶即将就位

2017 年 5 月 27 日，

“华龙一号”穹顶制作全记录

在核电站建设过程中，穹顶吊装是土建阶段完工的标志，意味着核电站正式“加冕成年”，进入新的施工阶段。“华龙一号”的穹顶与 M310 堆型反应堆厂房的穹顶有较大不同：首先是结构形式的不同，M310 堆型的穹顶为扁球形结构，“华龙一号”的穹顶为半球形结构，其直径为 46.8 米，高 23.4 米；其次是重量不同，M310 堆型的穹顶重量约为 145 吨，而“华龙一号”的穹顶重量约

5RX 穹顶拼装第二层

2016 年 10 月 5 日，5RX 穹顶拼装第二层脚手架搭设完成

2016 年 10 月 10 日，5RX 穹顶第一层壁板拼装完成

2016 年 11 月 20 日，5RX 穹顶第二层拼装完成

5RX 穹顶拼装完成

2017 年 1 月 18 日，5RX 穹顶拼装脚手架拆除完成，移交安装

2017 年 1 月 23 日，5RX 穹顶物项安装脚手架开始搭设

2017 年 2 月 15 日，5RX 穹顶喷淋管道开始焊接

5RX 穹顶吊装就位

2017 年 9 月 24 日，5RX 穹顶钢筋绑扎

2018 月 5 月 31 日，5RX 穹顶混凝土完成

党旗飘扬，共建华龙

为 305 吨。

“华龙一号”的穹顶由 147 块预制单元在现场拼装而成，分五层逐层焊接。自 2016 年 8 月 12 日穹顶第一块壁板在现场拼装开始，至 2017 年 5 月 25 日穹顶吊装就位，9 个多月的时间，记录了“华龙一号”从穹顶壁板拼装到穹顶内物项安装，再到穹顶吊装就位的全过程。

反应堆厂房内部结构施工记录

反应堆厂房是核电站的核心厂房，其内部结构则是核心中的核心，是土建施工阶段的关键路径。与 M310 堆型相比，“华龙一号”的内部结构工程量大，施工难度大，尤其是首堆工程，缺少相关经验可以借鉴。在做好进度管控的同时，用相机记录了内部结构每个月的施工进展，也见证了“华龙一号”日渐成长的点滴变化。

2015 年 8 月 7 日，-6.7m 底板钢筋开始绑扎

2016 年 1 月 3 日，-3.32m 板施工完成

2016 年 1 月 25 日，0m 板混凝土浇筑

2016 年 5 月 16 日，0~+3.6m 墙施工

2016 年 10 月 3 日，+7.5~+13.5m 墙施工

2016 年 11 月 9 日，+13.5m 板施工

2016 年 12 月 5 日，+13.5~+16.5m 墙施工

2015 年 11 月 30 日，-3.32m 板施工

2015 年 12 月 4 日，-6.7~-3.32m 墙体施工完成

2015 年 12 月 30 日，-3.32~0,m 墙施工

2016 年 6 月 13 日，+3.6m 板施工

2016 年 7 月 18 日，+3.6~+7.5m 墙施工

2016 年 9 月 5 日，+7.5m 平台施工

2016 年 12 月 30 日，+16.5m 板钢筋绑扎

2017 年 3 月 28 日，+16.5m 以上结构施工

2017 年 5 月 3 日，+16.5m 以上内部结构施工完成

图书在版编目（CIP）数据

铸国之重器：中国自主三代核电“华龙一号”全球首堆示范工程创新与实践. 华龙风采卷 / 福建福清核电有限公司编著. —北京：中国原子能出版社，2022.11
ISBN 978-7-5221-2184-0

Ⅰ. ①铸… Ⅱ. ①福… Ⅲ. ①核电厂—工程项目管理—经验—中国 Ⅳ. ①TM623

中国版本图书馆 CIP 数据核字（2022）第 255528 号

铸国之重器：中国自主三代核电“华龙一号”全球首堆示范工程创新与实践 华龙风采卷

出版发行 中国原子能出版社（北京市海淀区阜成路 43 号 100048）
策划编辑 王　丹
责任编辑 李静晶　申文聪
装帧设计 沈钰浩
排版制作 未来海岸文化传播
责任校对 冯莲凤
责任印制 赵　明
印　　刷 北京华联印刷有限公司
经　　销 全国新华书店
开　　本 889 mm × 1194 mm 1/12
印　　张 18
字　　数 184 千字
版　　次 2022 年 11 月第 1 版　2022 年 11 月第 1 次印刷
书　　号 ISBN 978-7-5221-2184-0　　定　价 208.00 元

网址：http://www.aep.com.cn　　E-mail:atomep123@126.com
发行电话：010-68452845

摄影（按姓氏笔画）

王芯克　过东海　严新荣

张　录　张殿元　张　涛

苗　伟　胡　杰　夏建军等